MINDMAPPING

Organiseren, innoveren en plannen met mindmapping

50MINUTES.com

MINDMAPPING

Organiseren, innoveren en plannen met mindmapping

geschreven door Miguël Lecomte
vertaald door Nikki Claes

MINDMAPPING

- **Probleem?** De menselijke geest is complex en helder denken is niet altijd gemakkelijk wanneer er zoveel elementen zijn om rekening mee te houden; dus waarom en hoe zou je mindmapping gebruiken om je denken te structureren?

- **Waarvoor dient het?** Door het maken van een mindmap kan je snel je ideeën op papier zetten en daarbij direct de verbanden tussen de verschillende elementen aangeven.

- **Professionele context?** Interne of klantpresentatie, notuleren, brainstormen, projectplanning, innovatie, enz.

- **FAQ?**
  - Wat maakt een mindmap zo origineel?
  - Hoe begin ik met het maken van een mindmap?
  - Kan mindmapping worden gebruikt om een project te presenteren?
  - Wat zijn de belangrijkste voordelen van mindmapping?
  - Hoe lees je een mindmap?
  - Moet ik software gebruiken om mijn ideeën in kaart te brengen?
  - Moet ik geavanceerde computervaardigheden hebben?

- Kan mindmapping me helpen bij mijn studie?
- Een mindmap voor elk project, echt?

In de huidige moderne samenleving moet iedereen zich kunnen aanpassen aan de steeds groter wordende informatiestroom die ons dagelijks overvalt. Bovendien staan we door de eisen en beheersbeperkingen die worden opgelegd door de snelheid waarmee deze gegevens ons bereiken vaak machteloos tegenover de noodzaak om ze efficiënt en in recordtijd te verwerken.

Dit is waar een techniek die is geïnspireerd op de werking van het menselijke brein om de hoek komt kijken: mindmapping. Het stelt de gebruiker in staat informatie te synthetiseren en te structureren door reflectie te stimuleren in de context van zowel individueel als collectief werk. Bovendien wordt het lineaire denken opzij gezet ten gunste van het divergente denken (het vermogen om op basis van een situatie, een idee of een probleem talrijke mogelijkheden te zien).

In de praktijk bestaat mindmapping uit het maken van een mindmap op papier of een ander medium, te beginnen met een centraal idee (de stam) en daarop toepassingen te enten (de takken) die naar andere ideeën leiden. Na een proces van mentale associaties kan elke groep ideeën worden onderscheiden door een aparte kleur, waardoor het geheel visueel duidelijker, logischer, aantrekkelijker en gestructureerder wordt. Accessoires zoals pijlen, capsules, tekens, tekeningen, aantekeningen en andere voorzieningen kunnen ook aan je mindmap worden toegevoegd.

De toepassingsgebieden zijn even divers als oneindig, dus je kan mindmapping gebruiken zoals je wil, naargelang je huidige zorgen, zowel in het bedrijfsleven (productiviteit, evenementen, enz.) als thuis (onderwijs, vrije tijd, het dagelijkse leven in het algemeen, enz.). Dit krachtige grafische proces biedt een universele sleutel om het volledige creatieve en logische potentieel van een individu te ontsluiten, ongeacht zijn intellectuele of sociale niveau.

Op een eenvoudige en betaalbare manier opent dit boek de deuren naar mindmapping, een waardevol instrument dat ons in staat stelt onze twee hersenhelften te gebruiken bij het nadenken over een bepaald onderwerp.

DE ABC'S VAN EFFECTIEF MINDMAPPEN

DEFINITIE

Mindmapping is een methode, een representatie-instrument waarmee het associatieve denken kan worden vastgelegd van de persoon die de mindmap maakt. De mindmap wordt dan een spiegel van wat er in de hersenen gebeurt: hij geeft een persoonlijke en unieke visie weer door gebruik te maken van de denkbeeldige taal van de hersenen (trefwoorden, beelden, kleuren, enz.).

Bekend als mindmap of ideeënkaart, is dit type voorstelling een proces waarbij woorden, pictogrammen en kleuren worden gecombineerd rond een centraal doel: het neemt de vorm aan van een takkengrafiek, een boom. Aan deze kern zijn de ideeën gekoppeld als takken rond een stam.

MINDMAPPING TOT JOUW DIENST

Gezondheid, financiën, werk, relaties, uitstapjes, geschiedenis, aardrijkskunde, wetenschap, vergaderingen, koken … Alle voorkomende situaties in het leven, zowel persoonlijk als professioneel, kunnen het gebruik van mindmapping vereisen.

De professionele wereld

Binnen een groep is mindmapping een eenvoudig en doeltreffend communicatiemiddel. Het verhoogt de relevantie van de aangevoerde ideeën en vormt een alternatief voor de gebruikelijke lineaire presentatie- methoden. Het stimuleert de creativiteit en de produc- tiviteit omdat het tijd en/of geld bespaart dankzij zijn duidelijkheid en eenvoud. Het draagt dus actief bij tot de groei van de bedrijven die het gebruiken. De diversi- teit van het gebruik ervan is onbeperkt, aangezien het aan elke situatie kan worden aangepast. Het kan bij- voorbeeld worden gebruikt voor:

- samenwerken met collega's, klanten of partners

- een presentatie of toespraak uit het hoofd leren

- het schrijven van artikelen, verslagen, brieven of spe- cificaties

- het organiseren en faciliteren van projecten of een vergadering

- tijd beheren door taken te prioriteren

- creativiteit ontwikkelen, alleen of in een brainstorm- sessie in teamverband, om een probleem op te lossen of te anticiperen op de potentiële risico's van een nieuwe situatie

- aantekeningen maken tijdens een conferentie, een vergadering, een interview of het lezen van een boek (aarzel niet om mindmapping en traditioneel notule- ren te combineren)

* communiceren in een training, presentatie of toespraak

Samenwerken met anderen

Aangezien mindmapping een methode is die bijzonder geschikt is voor alles wat met creativiteit te maken heeft, is het niet ongewoon dat ze wordt gebruikt tijdens een brainstormsessie tussen werknemers in een bedrijf. De techniek activeert de creativiteit en vereenvoudigt de productie van ideeën in een groep. De dynamische interacties genereren een groot aantal ideeën, terwijl de methode het mogelijk maakt deze te organiseren en te analyseren om er zoveel mogelijk ideeën uit te halen.

Concreet verloopt een dergelijke werkvergadering als volgt:

* **De fase van divergent (creatief) denken**

  * Een groep – van 4 tot 12 geëngageerde, gemotiveerde en vooral zeer diverse mensen – wordt geleid door een facilitator die tot taak heeft de deelnemers te orkestreren, te stimuleren en te sturen en tegelijkertijd de stroom van de gegenereerde ideeën te volgen zonder censuur of commentaar.

  * Pluraliteit is een bron van inspiratie en inventiviteit; kritiek wordt verbannen uit de uitspraak van ruwe ideeën, want in elke mening schuilt potentieel.

  * Verbeelding en spontaniteit zijn aan de orde van de dag.

- **De fase van convergent (kritisch) denken.** Dan is het, een beetje zoals bij rugby, nodig om het proces om te zetten, om het bruto in het netto om te zetten, om de ideeën in oplossingen om te zetten, om nieuwe, realistische perspectieven te genereren om resultaten te verkrijgen. Uiteindelijk zal een beperkt aantal ideeën over een bepaald thema worden verfijnd, terwijl een lijst van verschillende andere ideeën opzij wordt gelegd voor toekomstige analyse en ontwikkeling.

Wij kunnen daarom het gebruik en de prestaties van mindmapping in een brainstormsessie beter begrijpen. In dit soort vergaderingen is het soms nodig complexe dossiers of ambitieuze projecten te structureren. Het gebruik van een mindmap maakt dit op een eenvoudige en intuïtieve manier mogelijk. Het beheer van alle soorten projecten zal gemakkelijker worden, de aldus in een structuur onderverdeelde elementen zullen krachtige mogelijkheden tot samenwerking bieden en het succes bevorderen.

 ## EXPRESS-AANBEVELINGEN

Als onderdeel van een gezamenlijke uitwisseling en om de teamgeest te handhaven:

- Wees je ervan bewust dat er geen slechte ideeën bestaan en dat alles onderworpen is aan verdere analyse.

- Breng de dominante elementen, die de uitwisselingen monopoliseren, tot bedaren, anders wordt de vergadering snel steriel.

- Moedig spontaniteit aan.

- Herhaal een sessie indien nodig, maar laat ze niet
  te lang duren; een kort uur is meestal meer dan
  genoeg.

Om de creativiteit van de deelnemers verder te stimuleren, kan je proberen een rollenspel te spelen met verschillende locaties, personages, contexten of attributen.

- Plaats jezelf in de schoenen van superhelden als de
  Hulk, Spiderman, enz. Hoe zie je het centrale onderwerp, nu je specifieke bevoegdheden hebt?

- Verander je nationaliteit voor een vergadering, met
  alle gevolgen van dien.

- Gebruik de techniek van het omgekeerde denken, d.w.z.
  zoek het negatieve in een positieve situatie en omgekeerd. Bijvoorbeeld, van een vraag als "Wat kan ik nog
  meer doen?", vraag jezelf af "Hoe kan ik zo weinig mogelijk doen? Een ander voorbeeld: "Welk(e) voordeel(en)
  zou een bedrijf hebben bij het gratis weggeven van zijn
  producten? Het idee is om zoveel mogelijk marginale
  voorstellen te stimuleren. Hieruit zullen enkele realistische en positieve oplossingen naar voren komen, terwijl negatieve oplossingen, die soms gemakkelijker te
  vinden zijn, positief kunnen worden omgebogen.

Onderwijs

Hetzelfde geldt voor het onderwijs en dat is niet nieuw!
Een stadslegende beweert zelfs dat de mindmap
"geboren" is op een schoolbankje. Hoeveel leerlingen

hebben we intuïtief grafieken of puntsgewijze samenvattingen zien maken om een belangrijk onderwerp beter onder de knie te krijgen?

Bovendien biedt sommige mindmapsoftware een integratie met MS Office, waardoor de overdracht van ideeën tussen studenten en in andere formaten mogelijk wordt. Het nut van mindmapping in deze context is even groot als in de professionele wereld, zowel voor studenten als voor leerkrachten. Ze zijn bijzonder nuttig voor:

* een cursusoverzicht presenteren
* concepten visualiseren
* het schrijven van memoires en essays
* kritisch denken verbeteren, verschillende gezichtspunten verkennen
* brainstormsessies organiseren
* enz.

VOORBEREIDING

Je hersenen optimaal benutten

Allereerst is het belangrijk te begrijpen hoe de hersenen werken. De hersenen bestaan uit 170 miljard cellen – waarvan 100 miljard neuronen – die ons in staat stellen te denken, te spreken, ons dingen voor te stellen, te plannen, enz. Ze zijn verdeeld in twee hersenhelften: de linker, die concrete functies behandelt zoals rekenen, horen, taal en logische analyse en de rechter die de intuïtie, visie, interpretatie en emoties beheerst.

Aangezien beide hersenhelften erbij betrokken zijn, is de mindmap, in tegenstelling tot het traditionele notuleren, bedoeld als een nauwe afspiegeling van de manier waarop de hersenen informatie analyseren en verwerken: er ontstaat een idee (centrale gedachte), waarna zich in de loop van de analyse vertakkingen (gedachtelijnen) vormen tot ze zich geleidelijk rond het centrale onderwerp scharen. De presentatie in een boomstructuur, het gebruik van kleuren, beelden en verschillende sleutelwoorden om ideeën te onderscheiden en het benadrukken van verbanden tussen deze elementen stellen ons menselijke brein in staat de overgebrachte boodschap sneller te integreren dan bij het lezen van een doorlopende tekst.

Maar omdat de mens bovenal een sociaal dier is, moet hij, om zijn hersenen optimaal te benutten, leren delen, luisteren en dialogeren met anderen. Hoewel mindmapping een hulpmiddel is voor persoonlijk gebruik, is het ook geschikt voor gemeenschapsgebruik. Maak je creaties beschikbaar voor je collega's, familie en vrienden om een maximum aan openingen en mogelijkheden te genereren.

Uw uitrusting organiseren

Een van de sterke punten van de mindmap is dat er heel weinig materiaal voor nodig is:

- een papieren drager (zoals een notitieboekje met uitneembare bladen), zodat je bij het maken van snelle aantekeningen je ideeën gemakkelijk kan uitwisselen en ordenen. Dit type blad is ook erg handig als je een of meer van de items op de bladen wil of moet lenen, scannen of fotokopiëren.

- potlood, gum, slijper voor eerste ontwerpen en schetsen

- een marker of uitwisbare inktstift om af te werken

- markers of kleurpotloden om je informatie per kleur te ordenen

Als je liever op een computer werkt, moet je vertrouwd geraken met een van de vele softwarepakketten die hiervoor beschikbaar zijn. Je moet echter beseffen dat ze weliswaar bepaalde voordelen hebben, zoals de mogelijkheid om je mindmap naar believen te wijzigen of snel informatie te delen, maar dat ze minder ruimte laten voor creativiteit.

Ieder van ons heeft een persoonlijke manier van werken. Je zal jouw gereedschapskist mettertijd verfijnen.

REALISATIE

Je ideeën organiseren

Vooral als je een creativiteitssessie met mindmapping wil doen, moet je van tevoren in de juiste gemoedstoestand komen. Bereid je geest hierop voor om je kansen op succes te maximaliseren. Hier is een heel eenvoudige techniek in drie stappen om je daarbij te helpen:

- Concentreer je op de visualisatie van het doel, die je acties bij het bereiken ervan zal motiveren, en vergeet al het andere. Het ideaal visualiseren betekent jezelf wapenen met de wil om er te komen.

- Stel je een idee voor, een probleem, een concept en probeer er een beeld bij te vormen.

- Gebruik dit beeld als uitgangspunt voor je reflectie en voeg vervolgens alle mogelijke vertakkingen toe, zoals te nemen maatregelen, benodigde accessoires, vragen die moeten worden gesteld, enz.

De mindmap maken

Om dit alles op papier te zetten, kan je een mindmap maken. Aangezien het niet altijd gemakkelijk is om je ideeën duidelijk te ordenen, biedt het gebruik van een mindmap een stevige basis en structuur voor jouw gedachten, zodat je niet verdrinkt in de hoeveelheid geproduceerde informatie.

Begin met het maken van ontwerpen van je hoofdthema. Koppel één, dan meerdere elementen, wat er maar in je opkomt – maar probeer op het eerste niveau niet meer dan een tiental van deze elementen te gebruiken – en voeg ze samen tot één trefwoord, tekening of pictogram.

 ## UNIEKE SLEUTELWOORDEN

Vermijd zinnen, zelfs van twee woorden, die je fantasie blokkeren door haar op te sluiten in het eerste hokje waaraan je dacht. Een enkel woord zal meer associaties oproepen. Als je vorige trefwoord je bijvoorbeeld op het idee bracht van "boeket bloemen", zal je je waarschijnlijk alleen op dat beeld richten. Omgekeerd kan je door eenvoudigweg "bloemen" in te voeren je aandacht verruimen tot andere begrippen, zoals "tuin", "natuur", "perk", "plukken", "groeien", "lente", enz.

Je zal al snel merken dat één idee leidt tot vier of vijf andere, die op hun beurt weer inspireren tot verder brainstormen – letterlijk tonnen ideeën! Probeer verschillende alternatieven in overeenstemming met het centrale concept. Bewaar een goede dosis spontaniteit en open zo het veld van mogelijkheden. Aarzel niet om te schrappen, uit te wissen, terug te komen op een idee, enz. Pas daarna moet je het opruimen.

Koppel deze ideeën aan elkaar met behulp van pijlen, pictogrammen en/of tekeningen. Het gebruik van geheugensteuntjes en nuttige aantekeningen sterkt ons in de zoektocht en het bereiken van het doel. In onze verbeelding zijn ze zeer suggestief en doen ze ons verbazende mogelijkheden zien. Ze verrijken ons vermogen om een thema te benaderen en te ontleden.

Voorbeelden van verenigingen:

- hond = bewaking

- baksteen = bouwen

- vogel = vrijheid

- index gericht = ga naar

- bom = opletten

- en zo verder volgens jouw persoonlijke perceptie

Enkele voorbeelden van pictogrammen:

Het gebruik van kleuren, het laatste essentiële punt om op te merken, speelt een essentiële rol in de ontwikkeling van je mindmap en wel om twee redenen:

- Ze zijn opvallend ingeprent in ons intellect en codificeren. Ze belichten verschillende concepten en herinneren ons aan bepaalde specifieke codes in het dagelijks leven:

  - rood = revolutie, liefde voor het leven, passie

  - zwart = mysterie, stilte, autoriteit, verdriet

  - blauw = ruimte, oceaan, ontmoeting

  - geel = vreugde, feest, delen

  - wit = vrede, rust, sereniteit, zuiverheid

  - enz.

- Ze verrukken! De mengeling van kleuren, de verscheidenheid van tinten, de emotionele kracht die zij opwekken, dit alles verleidt het oog en brengt ons spontaan in een goede stemming. Een opgewekt persoon heeft veel meer kans om zijn of haar doelen te bereiken dan een saai persoon en we houden beter vast wat we leuk vinden.

- Teken de centrale takken dikker dan de secundaire, om je hersenen de volgorde van belangrijkheid van de ideeën te laten zien.

- Markeer bepaalde inhoud door de lettergrootte of opmaak te variëren, bepaalde afbeeldingen te vergroten, enz.

- Stop je trefwoorden niet in een kader of een luchtbel, maar laat ze vrij: ze zullen een bron van creativiteit zijn in je geest.

- Markeer in plaats daarvan de takken die een logisch geheel vormen (hetzelfde idee, hetzelfde concept, enz.) met een gekleurd wolkje/cirkel/vierkantje.

- Als je software gebruikt, voeg dan hyperlinks toe naar bronnen, referenties of aanvullende informatie.

- Als je je mindmap met de hand maakt, schrijf de woorden dan in een rechte lijn voor een betere zichtbaarheid.

- Verbind de takken goed met elkaar, laat geen ruimte tussen twee elementen, om de ideeën in je hoofd te verbinden.

- Als je denkt dat je klaar bent, voeg dan wat lege takken toe om jezelf te stimuleren en je hersenen aan te moedigen nieuwe associaties van ideeën te maken.

Om eerlijk te zijn, ik wist niets van mindmapping toen ik aan mijn eerste roman begon. Hij lag zo'n tien jaar in mijn la, voordat ik op een dag de eerste 90 pagina's die ik had geschreven en de mindmap die ik had gebruikt, afstofte.

Zie je, het is erg (te) simplistisch. Ik had een boek kunnen tekenen met "Roman" erin geschreven om een visuele "toon" te geven, wat kleur kunnen aanbrengen, pictogrammen kunnen tekenen, aantekeningen kunnen maken, dieper kunnen gaan met nieuwe takken, enz.

Er zijn zoveel mogelijkheden dat ik je uitnodig om het steeds opnieuw te proberen, om de verschillende methoden te leren, om uit te vinden, om te creëren. Jouw begin kan lijken op mijn broze schets (hoewel het me wel heeft geholpen mijn eerste roman op te bouwen, want op mijn eerste pagina wist ik niet waar ik heen ging; ik had alleen mijn eerste idee. De helderheid van die kleine tekening bracht me in verschillende goede richtingen, enzovoort), maar heel snel, op een intuïtieve en persoonlijke manier, zal je mindmap groeien, tot je een resultaat krijgt dat voor jou bevredigend is.

 ## FREEMIND SOFTWARE

Freemind is een waardevol en gratis hulpmiddel (althans de basisversie) dat je helpt bij het maken van je mindmaps. Om het te vinden, doe je een eenvoudige zoekopdracht via jouw zoekmachine.

Hier is trouwens wat mijn "broze schets" had kunnen worden met een geschikt hulpmiddel zoals Freemind of andere software voor dit doel (ook Word, LibreOffice, enz.).

En zo verder, want natuurlijk kunnen we de kaart altijd herwerken, zolang we ideeën hebben. We hadden het ook met de hand kunnen doen, het is gewoon een kwestie van presentatie. In feite hangt alles af van jouw wensen en behoeften.

Laten we verder gaan!

TOP TIPS

- Plaats je papier liggend of horizontaal voor een betere ruimtelijke organisatie en een luchtiger beeld.

- Gebruik trefwoorden om relevante associaties van ideeën te maken. Vermijd zinnen, zelfs korte, die je denken beperken.

- Stel prioriteiten aan de hand van grafische elementen:

  - Gebruik zo mogelijk afbeeldingen en pictogrammen, die hebben een directer effect.

  - Teken de centrale takken dikker dan de perifere takken. Dit toont je hersenen de niveaus van belangrijkheid in je mindmap.

  - Varieer de lettergrootte om de kracht van bepaalde woorden te benadrukken.

  - Creëer de illusie van volume door 3D-effecten aan je tekeningen toe te voegen om ze meer gewicht en aanwezigheid te geven. Dit versterkt het effect ervan op de hersenen en de aangenaamheid van de mindmap, waardoor deze gemakkelijker te onthouden is.

  - Kleuren zijn uiterst belangrijk om je ideeën van elkaar te onderscheiden. Begin bij het centrale element en gebruik één kleur voor elke bovenliggende tak; dat maakt je werk gestructureerder en mooier.

- Deel je ideeën numeriek of alfabetisch in, zodat de mindmap gemakkelijker te lezen en te onthouden is.

- Voeg lege takken toe om je hersenen aan te moedigen nieuwe ideeën te associëren.

- Schrijf de woorden leesbaar, zonder doorhalingen (voor net werk). Een schoon en net document geeft je zin om erin te duiken.

- Alleen is goed, samen is beter! Het is vriendelijker en we genereren meer verschillende ideeën als groep.

- Zorg dat je een werkplek hebt (en voor anderen als je in een groep werkt) die bij je past.

- Door de geringe hoeveelheid benodigde apparatuur is mindmapping een goedkope activiteit. Vergeet dus niet om kwaliteitsgereedschap te kopen.

- Er zijn veel softwarepakketten beschikbaar, de meeste van goede kwaliteit. Test en kies de beste voor jouw activiteit.

- Deel je ervaringen en creaties op het web, met je familie en vrienden en je zal er rijker door worden.

FAQ

WAT MAAKT EEN MINDMAP ZO ORIGINEEL?

De mindmap is een originele methode vanwege de manier waarop hij werkt: hij is georganiseerd door associaties van ideeën, net als de hersenen. Zeer visueel, kan je snel je persoonlijke ideeën of die die tijdens een vergadering of een interview zijn geuit op één pagina verzamelen. Het vergemakkelijkt dus het maken van aantekeningen, maar helpt ook bij het onthouden dankzij de verbindingen tussen de elementen.

Als er echter met veel elementen rekening moet worden gehouden, zal de mindmap snel onleesbaar worden; in dat geval is het altijd mogelijk de map op te splitsen in sub-maps op afzonderlijke vellen papier om de informatie en dus de presentatie en het onthouden ervan te vereenvoudigen.

HOE BEGIN IK MET HET MAKEN VAN EEN MINDMAP?

Als je een mindmap wil maken met software, moet je die eerst goed beheersen, want een van de grote voordelen van de mindmap is de snelheid waarmee je je ideeën kan ordenen, een voordeel dat verloren gaat als je in de war raakt met de software die je hebt gekozen.

Als je kiest voor de traditionele methode, op een stuk papier of karton, moet je beginnen met het thema, of de

"

hoofdgedachte, van de kaart vast te stellen en dat in het midden van je medium weer te geven. Dit kan gewoon met woorden, maar je kan jezelf ook de vraag stellen "Welk beeld roept dit idee voor mij het beste op?" en dat illustreren met een suggestieve tekening of pictogram. Laat van daaruit de ideeën op je afkomen, zonder al te veel na te denken over hoe ze te organiseren: schrijf in eerste instantie de links op die spontaan in je opkomen. Er is altijd tijd om later aan de samenhang te werken.

KAN MINDMAPPING WORDEN GEBRUIKT OM EEN PROJECT TE PRESENTEREN?

Je kan dit natuurlijk doen. Houd er echter rekening mee dat als deze mindmap logisch is voor jou, de maker ervan, hij niet noodzakelijkerwijs logisch is voor anderen. Vergeet het ontwerp dat je gebruikte om jouw ideeën te ontwikkelen en herwerk je mindmap zodat deze voor zoveel mogelijk mensen duidelijk is. Presenteer een zo eenvoudig mogelijke mindmap, goed gestructureerd met behulp van kleuren en trefwoorden. Het synthetische en visuele aspect maakt het onder deze omstandigheden tot een uitstekend communicatiemiddel.

WAT ZIJN DE BELANGRIJKSTE VOORDELEN VAN MINDMAPPING?

- Het is een gemakkelijk hulpmiddel om te leren; iedereen kan een mindmap maken.

- Mindmapping vereist het gebruik van beide hersenhelften, in tegenstelling tot een lineaire organisatie van ideeën. Zo kunnen de ideeën beter worden gestructureerd.

- Het is multifunctioneel.

- Het maken van aantekeningen wordt vergemakkelijkt door het gebruik van trefwoorden, pictogrammen en pijlen.

- Dankzij de visuele impact van dit instrument kan je de aandacht trekken, die van jezelf om je beter te concentreren op je ideeën, of die van je publiek om beter naar jou te luisteren, gezien de originele, speelse en creatieve vorm.

- Bij een presentatie voor een publiek zal je toespraak gemakkelijk kunnen worden aangepast en soepeler en natuurlijker overkomen dankzij het gebruik van een mindmap: je kan gemakkelijk van het ene idee naar het andere overgaan zonder je gedachtegang te verliezen.

- De mindmap biedt een snel overzicht van het onderwerp als geheel, waardoor het gemakkelijker wordt de verbanden tussen de verschillende elementen te begrijpen.

- Ten slotte helpt deze manier van presenteren je om je ideeën te onthouden.

HOE LEES JE EEN MINDMAP?

Een mindmap wordt gelezen vanuit het centrum naar buiten toe. Het diagram wordt gewoonlijk gelezen van rechtsboven en dan met de klok mee.

Je kan natuurlijk voor een meer persoonlijke aanpak kiezen, bijvoorbeeld als alleen een bepaald deel van de mindmap voor jou belangrijk is. In dat geval kan je je richten op een specifieke tak van de kaart of je kan de kaart in zijn geheel lezen en aangeven wat voor jou van bijzonder belang is.

MOET IK SOFTWARE GEBRUIKEN OM MIJN IDEEËN IN KAART TE BRENGEN?

Zoals we hebben gezien is een eenvoudig blanco vel papier alles wat je nodig hebt om een mindmap te maken. Alles hangt af van het niveau dat je met dit instrument wil bereiken. Als het voor persoonlijk gebruik is, zal een softwareprogramma jouw werk zeker vergemakkelijken, maar het is echt niet verplicht. Voor professionele doeleinden wordt het daarentegen aanbevolen, omwille van het pragmatisme, de snelheid en de productiviteit.

MOET IK GEAVANCEERDE COMPUTERVAARDIGHEDEN HEBBEN?

Nee. Gratis software zoals Freemind is heel eenvoudig. Alles is ontworpen voor zowel beginners als ervaren mensen. Laten we zeggen dat een basiskennis van kantoorsoftware (Word, Libre Office, enz.) je zal helpen om de tool snel onder de knie te krijgen.

KAN MINDMAPPING ME HELPEN BIJ MIJN STUDIE?

Mindmapping biedt leerlingen veel mogelijkheden:

* om aantekeningen te maken

* om een boek samen te vatten

* om hun lessen voor een examen te herhalen en de belangrijke elementen te onthouden

* om hun ideeën te ordenen voordat ze aan een opstel beginnen

* om hun werk te plannen

* enz.

EEN MINDMAP VOOR ELK PROJECT, ECHT?

Kan het bijvoorbeeld gebruikt worden om een moestuin aan te leggen? Ja, dat kan! Laten we je uitstekende voorbeeld van de moestuin als hoofdthema nemen. Van daaruit beginnen de takken met de zaailingen, de soorten groenten, de seizoenen, de teeltmethoden, het tuingereedschap, de meststoffen, enz. Dit is een kleinschalig model; je zou mindmapping kunnen gebruiken om een bedrijfsproject op te zetten of om te speculeren op de beurs!

HET IS AAN JOU!

De mindmap in vijf stappen:

FASE 1

Maak je het hoofdthema van je mindmap – in ons voorbeeld "een taal leren" – eigen, door het een suggestief beeld of tekening te geven die een directer effect op de geest heeft dan alleen woorden.

STAP 2

Plaats dit beeld in het midden van je papier, eventueel met het hoofdthema, en kleur het in met verschillende kleuren zodat het je aandacht trekt. Voeg volume, schaduwen, details, enz. toe. Zorg ervoor, het is het hart van je project.

STAP 3

Begin met het toevoegen van 5 tot 12 takken aan de kaart om je eerste ideeën (trefwoorden) en beelden (sleutelbeelden) vast te leggen. Houd altijd rekening met het thema (centrale idee) dat je hebt gekozen. Als er in dit stadium al associaties van ideeën bij je opkomen, laat ze dan maar komen en creëer alvast zijtakken; je hoeft jezelf niet te beperken om de dingen in volgorde te doen.

STAP 4

Verrijk je kaart met nieuwe afbeeldingen en trefwoorden die verband houden met de vorige (die van het "eerste niveau"). Ontspan en verscherp je denken. Rijp je ideeën door de takken van je mindmap te ontwikkelen.

STAP 5

Ga door in dezelfde geest en breid je mindmap uit totdat het resultaat je bevalt. Je kan nu alle details toevoegen die je werk aanvullen en verbeteren.

- Teken de tekeningen.

- Reorganiseer ideeën indien nodig (wat altijd gemakkelijker is als je met software werkt).

- Voeg kleuren toe, verwijder of wijzig ze.

- Herstructureer de inhoud.

- Voeg pictogrammen in.

- Gebruik je fantasie, verfraai je mindmap.

OM VERDER TE GAAN

BIBLIOGRAFISCHE BRONNEN

DELADRIÈRE (Jean-Luc), LE BIHAN (Frédéric), MONGIN (Pierre) en REBAUD (Denis), *Organisez vos idées avec le Mind Mapping*, Parijs, Dunod, 2004-2007.

DELANGAIGNE (Xavier) en MONGIN (Pierre), *Verhoog uw efficiëntie met FreeMind, FreePlane en Xmind. Bien démarrer avec le Mind Mapping*, Parijs, Eyrolles, 2010.

AANVULLENDE BRONNEN

Mindomo website.

https://www.mindomo.com/fr/

MindMeister website.

https://www.mindmeister.com/fr

MindJet website.

http://www.mindjet.com/

MindNote website

https://mindnode.com/

*We horen graag van u! Laat
een reactie achter op jouw online bibliotheek
en deel je favoriete boeken op social media!*

Master ISBN: 9782808604581
Papier ISBN: 9782808605793
Wettelijk depot: D/2023/12603/6

Digitaal ontwerp: Primento,
de digitale partner van uitgevers.